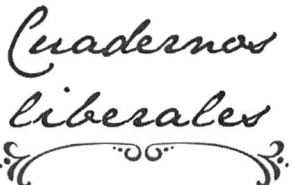

Cuadernos liberales

Bazar de pensamientos liberales

Arturo Damm Arnal

BAZAR
DE PENSAMIENTOS
LIBERALES

201 afirmaciones, preguntas, dudas,
provocaciones, una que otra repetida
(¡hay que insistir!), para pensar, analizar y discutir
sobre libertad individual, propiedad privada
y responsabilidad personal, discusión
que mucha falta hace

Unión Editorial
2025

© 2024 Arturo Damm Arnal
© 2025 UNIÓN EDITORIAL, S.A.
c/ Hilarión Eslava 21 - local • 28015 Madrid
Tel.: 91 350 02 28
Correo: editorial@unioneditorial.net
www.unioneditorial.es

ISBN: 978-84-7209-884-8
Depósito legal: M. 6.703-2025

Compuesto e impreso por EL BUEY LIBERAL, S.L.
Impreso en España • *Printed in Spain*

DIALOGAR EN UN MUNDO DE CANCELACIÓN

La reflexión abierta y razonada en torno a las ideas de la libertad es cada vez más escasa. En un mundo en el que la tiranía avanza mientras aquellos que se dicen defensores de las libertades están ocupados excomulgándose entre ellos o "repensando" el liberalismo y separándolo de sus fundamentos para hacerlo agradable a sus enemigos, lo que se requiere no es una cacería de brujas interna ni una refundación, sino volver a reflexionar sobre la importancia de los principios del pensamiento liberal para el futuro del mundo.

Arturo Damm, quien es un referente (y también una referencia) en el movimiento por la libertad en México, nos entrega aquí lo que creo que es su obra más sencilla, inspirada por décadas en el "campo de batalla" de las ideas. Desde allí, extrae una serie ideas, pensamientos, aforismos y citas que ofrece al lector como píldoras de conocimiento y como un punto de partida para iniciar un diálogo abierto que permita a los liberales, y a aquellos que no lo son tanto, conocer una ruta hacia una mejor comprensión de la importancia de la libertad individual, la propiedad privada y la responsabilidad individual para sus propias vidas y para el desarrollo de cualquier sociedad.

Si usted está cansado de sesudos manuales llenos de instrucciones rígidas para "ser liberal", o si desea dar un primer paso hacia la comprensión del pensamiento liberal, este libro es para usted. Una antología de reflexiones detrás de las cuales se encuentra la idea fundamental del temperamento liberal: que el liberalismo debe invitar a la discusión y no solo presentar serie de verdades últimas e incuestionables.

PEPE TORRA

INTRODUCCIÓN

Bazar, nos dice el Diccionario de la Lengua Española, de la Real Academia Española, es una "tienda en la que se venden productos muy variados". Si bien es cierto que en este libro no se venden productos muy variados, sí se presentan ideas muy variadas, relacionadas con la economía, la política, el gobierno, la filosofía en general y la ética en particular, con el derecho, con el Estado y el Estado de Derecho y el Estado de chueco, presentadas sin ningún orden temático (mismo que cada lector tendrá que armar), pero hilvanadas por medio de tres temas generales, el de la libertad individual, el de la propiedad privada, el de la responsabilidad personal. El libro fue escrito en tono ensayístico (proposición flexible de ideas), alejado del tono académico (demostración estricta de verdades), y así debe leerse: esperando encontrar caminos que recorrer, no metas a las que llegar.

Estas ideas se me fueron ocurriendo (algunas las descubrí, otras las inventé, otras se me revelaron), al paso de los años. Las fui escribiendo en una carpeta, y llego el momento, así lo creo, de presentarlas juntas, más o menos en el orden que se me fueron ocurriendo. Por eso es que no hay un orden temático sino temporal, que puede develar una parte de mi trayecto intelectual.

Algunas de estas ideas, ¿la mayoría?, las desarrollé en artículos periodísticos y ensayos literarios, y algunas, ¿la minoría?, me sirvieron de materia prima para la redacción de *El punto sobre la i*, que ya va, editado por Unión Editorial, en el volumen V.

¿Para qué sirve este libro? Para proponer ideas y para hacer con ellas lo que debe hacerse con las ideas: analizarlas, compararlas, discutirlas; argumentarlas, cotejarlas, examinarlas. Para establecer puntos de partida para que cada lector, interesado en estos temas, avance en la dirección que crea más conveniente, convencido, uno, de que hay que avanzar por el camino de las ideas a favor de la libertad individual, la propiedad privada y la responsabilidad persona, y, dos, que entre más gente avance por ese camino, ¡mucho mejor! Ojalá y que este libro contribuya a ello.

Como verá el lector no hay una sola cita bibliográfica en todo el texto, lo cual no quiere decir, ¡ni muchos menos!, que cada idea sea original, salida de mi reflexión, de mi intuición, de mis clases en la universidad, de mis conferencias en distintos foros, de mis distintos escritos. No, en cada una podríamos rastrear la influencia intelectual que sobre mi han ejercido un buen número de pensadores, desde filósofos, que van desde Aristóteles hasta Ayn Rand, hasta economistas, que van desde Adam Smith hasta Ludwig von Mises, y una, no muy grande, pero si selecta, lista de pensadores representantes del liberalismo.

Yo ya hice mi parte: escribí el libro. Ahora te toca, a ti lector hacer la tuya: leerlo y aprovecharlo. Ojalá y realmente sea de provecho.

1

Liberalismo: libertad individual, propiedad privada, responsabilidad personal.

2

Liberalismo: dejar hacer, *laissez faire*, y dejar poseer, *laissez avoir*.

3

Hoy el liberalismo debe ser, ante todo, propietarismo, defensa de la propiedad privada, condición de posibilidad del ejercicio de la libertad individual. En la medida que amenazas y limitas la primera amenazas y limitas la segunda.

4

Hay buen gobierno si el gobernante es capaz de gobernarse a sí mismo, es decir, de respetar los derechos de los ciudadanos, de ser justo.

5

La pregunta, ¿gobierno para qué?, dado que los tres poderes del gobierno son obligar, prohibir y castigar, debe replantearse así: a la persona, ¿a qué se le debe obligar, qué se le debe prohibir, por qué se le debe castigar?, las tres preguntas más importantes de la filosofía y ciencia política.

6

La intención de los socialistas, que no hay que confundir con los comunistas, no es que todos seamos iguales, sino que todos tengamos lo mismo, lo cual, al no ser todos iguales, resulta arbitrario, injusto.

7

Quien debe actuar libremente es el ciudadano, no el gobernante. De todos los agentes en la sociedad, el gobernante debe ser el que tenga más limitada su libertad, sobre todo por los tres poderes que ejerce sobre los ciudadanos: obligar, prohibir y castigar.

8

Hoy, para la mayoría de los ciudadanos, ¿de dónde provienen las mayores amenazas contra sus libertades y propiedades? De sus gobiernos.

9

La peor competencia entre empresas privadas es preferible al mejor, ¡suponiendo que pueda existir tal cosa!, monopolio gubernamental.

10

Nadie debe financiar su gasto produciendo dinero (imprimiendo billetes, acuñando monedas), ¡mucho menos el gobierno!

11

El problema, para los dictadores, es que no pueden eliminar la libertad del ser humano, su facultad para decidir y elegir. Solo pueden prohibir su ejercicio, prohibición a la cual se opone esa facultad para decir y elegir, su libertad.

12

Cualquier conducta humana puede ser objeto de una ley. Por ejemplo: ley para el buen cepillado de los dientes o ley para la correcta colocación de los anteojos. Si la tarea de los legisladores es hacer leyes, que limitan el ejercicio de la libertad individual y el uso de la propiedad privada, les sobra tela de donde cortar. ¡Preocupante!

13

Si el poder gubernamental es el poder para obligar, prohibir y castigar, y siempre se usa para limitar el ejercicio de la libertad individual y el uso de la propiedad privada, hay que definir para qué debe usarse y para qué no, elegir bien a quién se lo otorgamos, y, ¡lo más importante!, tener la posibilidad legal de deponerlo cuando se extralimite.

14

La empresa gubernamental nunca podrá sustituir, con la misma eficacia, a la empresa privada. ¿Por qué? Principalmente por la falta de definición puntual del derecho de propiedad sobre esos activos. ¿A quién pertenecen, realmente, las empresas del gobierno?

15

La democracia nunca debe ser el fin. En todo caso, con todos los límites institucionales necesarios, para que no degenere en la dictadura de una mayoría, debe ser el medio para lograr el que sí debe ser el fin: la libertad.

16

 Los gobiernos han adquirido una enorme importancia, no porque naturalmente la tengan, sino porque los ciudadanos, consciente o inconscientemente, se la han concedido y reconocido, en contra de la libertad individual, la propiedad privada y la responsabilidad personal. Este ha sido uno de los resultados no deseados de la democracia, en concreto de la democracia electoral, que ha degenerado en mercado electorero.

17

La eficacia de las políticas públicas, en general, y del marco jurídico, en particular, es directamente proporcional a la ética individual.

18

Nada garantizan, desde las constituciones políticas hasta los reglamentos de tránsito, sin la decisión de cada uno de respetarlos. Ni las unas, ni los otros, se imponen necesariamente.

19

No necesitamos tratados de libre comercio, por los cuales los gobiernos deciden, principalmente, qué sí y qué no puede importarse. Necesitamos libre comercio para que sean los consumidores, comprando o dejando de comprar, quienes decidan la composición (el qué), y el monto (el cuánto), de lo que se importa, sin ninguna intervención del gobierno.

20

El bien común se logra cuando se benefician todos, sin perjuicio de ninguno, algo que no sucede con la redistribución gubernamental del ingreso, que es el producto del trabajo, que beneficia a quien se le da y perjudica a quien se le quita.

21

Frente al gobierno nunca hay que tener la actitud del gobernado, ¡mucho menos la del súbdito! Siempre hay que tener la del ciudadano, exigiendo el respeto gubernamental a sus derechos. ¡Siempre!

22

La primera condición que debe cumplirse para que se respeten las leyes es que sean respetables, y para que lo sean la primera condición que debe cumplirse es que no sean contrarias a las leyes naturales. Esto, sobre todo, en el ámbito de la economía.

23

En el marco jurídico de las naciones los derechos no deben ser ni concedidos, ni consagrados. Deben ser plenamente reconocidos, puntualmente definidos y jurídicamente garantizados.

24

Malversen o no los gobernantes lo cobrado por impuestos, estos son producto, no del pago voluntario de los ciudadanos, sino del desembolso obligatorio de los contribuyentes, trátese del gobierno del que se trate.

25

Hay que reconocer que el gobierno, cualquier gobierno, en el mejor de los casos, es un mal necesario, y que, por prudencia y conveniencia, hay que desconfiar del mismo y nunca darle, ni siquiera, el beneficio de la duda.

26

El empresario exitoso, que no opera en el marco del capitalismo de compadres, con el gobierno otorgándole privilegios (subsidios, protecciones, etc.), lo cual es reprobable, le debe su éxito a su capacidad para servir mejor, en términos de precio y/o calidad y/o servicio, a más consumidores. Servir mejor a más gente, ¿algo de malo?

27

El ejercicio de la libertad individual siempre implica el uso de la propiedad privada. Son dos caras de la misma moneda.

28

La justicia, virtud por la cual respetamos los derechos de los demás, tiene dos momentos: su práctica, que corresponde a los ciudadanos, y se da cuando estos respetan los derechos de los demás, y su impartición, que corresponde al gobierno, y tiene lugar cuando se castiga a quienes violan derechos y se les obliga a resarcir.

29

La impartición de justicia tiene dos caras: castigar al delincuente y obligarlo a resarcir a su víctima. No es lo uno *o* lo otro. Es lo uno *y* lo otro.

30

En la enseñanza de la economía el descubrimiento y entendimiento de la lógica económica no se deriva del uso de las matemáticas. En todo caso, la elaboración del lenguaje matemático (por ejemplo: la formulación de las ecuaciones de oferta y demanda), debe guiarse por la lógica económica. Primero la lógica económica y luego el lenguaje matemático.

31

Vivir en sociedad, ¿supone renunciar al ejercicio de los derechos individuales?

32

El interés de la mayoría debe estar, siempre, sobre el interés de la minoría. Se llama democracia. Pero ningún interés, ni mayoritario, ni minoritario, debe estar, nunca, sobre los derechos individuales. Se llama Estado de Derecho. La democracia debe supeditarse al Estado de Derecho. La voluntad mayoritaria debe respetar la justicia, que es el respeto a los derechos individuales.

33

Hay que desconfiar de quienes hablan de los derechos de X, de Y, de Z, considerándolos como derechos exclusivos de Z, de Y, de X, precisamente por tratarse de X, de Y, de Z. Los verdaderos derechos son los mismos para todos. Si son distintos no son derechos sino intereses, que nunca deben tratarse como derechos, mucho menos de parte de la legislación y del gobierno.

34

¿Estamos conscientes de lo que significa la frase, esencia de la democracia, "Vamos a elegir gobernantes", es decir, "Voy a elegir a quien me gobierne"? ¿Alguno de ustedes quiere ser gobernado? ¿No? ¿Ninguno? Entonces, ¿por qué elegir gobernantes?

35

¿Por qué alguien querría gobernar a otros? Pero sobre todo, ¿por qué alguien querría ser gobernado por otro? Gobernar: mandar o regir; guiar y dirigir; manejar a alguien. Con otras palabras: limitar el ejercicio de la libertad individual y el uso de la propiedad privada.

36

Las dos degeneraciones del Estado de Derecho son: el Estado de chueco, en el cual el gobierno viola verdaderos derechos de los ciudadanos; el Estado de derechos, en el cual el gobierno reconoce como derechos, tratándolos como tales, a necesidades e intereses, lo cual viola verdaderos derechos.

37

Hay dos maneras de intentar la igualdad de ingresos. La injusta: el gobierno redistribuyendo el ingreso, quitándole a A, lo que es de A, para darle a B, lo que no es de B. La imposible: que todos tengan la misma capacidad para, por medio de su trabajo, generar ingreso.

38

Para terminar con el capitalismo de compadres (el contubernio entre el poder político y el poder económico), hay que acabar con el compadrazgo (los privilegios que el poder político le concede al poder económico a cambio de la sumisión, la incondicionalidad y la complicidad política), no con el capitalismo (libertad individual de empresa, propiedad privada de empresa).

39

La culpa por el capitalismo de compadres, el contubernio entre el poder político y el económico, por el cual el primero le otorga, a cambio de la sumisión, la incondicionalidad y la complicidad política, privilegios al segundo (protecciones, subsidios, exenciones fiscales, etc.), afectando el bienestar de los consumidores, no es del empresario que pide el privilegio (malo), sino del gobernante que lo otorga (peor).

40

Más que *Rule of Law* debe ser *Rule of Justice*. Más que Estado de Derecho debe ser Estado de Justicia. ¿Por qué? Porque puede haber, como de hecho hay, leyes injustas, por las cuales el *Rule of Law* es *Rule of Injustice*, y el Estado de Derecho es Estado de Injustica o, dicho coloquialmente, Estado de chueco.

41

El único gobierno que se justifica es el autogobierno. Pero entonces, ¿qué hacer con las personas incapaces de gobernarse a sí mismas, y cuya falta de autogobierno se traduce en la violación de los derechos de los demás, es decir, en conductas injustas? Es por ellas que se necesita del gobierno, como heterogobierno.

42

Si hay un sustantivo que pierde sustancia al adjetivarse, ese es *justicia*, sobre todo si el adjetivo es *social*. La justicia no acepta ningún adjetivo, por más que, desde los tiempos de Aristóteles, se la haya adjetivado una y otra vez.

43

El que, según la teoría contractualista de Hobbes, la mayoría de los integrantes de una comunidad renuncie al uso de la violencia, otorgándole a unos cuantos, los gobernantes, el monopolio de la misma, ¿implica, necesariamente, la prohibición de la portación de armas de fuego para los ciudadanos? Sí, si los gobernantes garantizaran, *todo* el tiempo, el respeto de *todos* los derechos, de *todos* los ciudadanos, algo que no pueden hacer. Por lo tanto…

44

Si como hombreo o mujer; heterosexual, homosexual o bisexual; católico, judío o musulmán; mexicano, estadounidense o canadiense; blanco, negro o amarillo; o cualquier otro accidente existencial, crees tener un derecho, el mismo no es un derecho sino un privilegio, algo muy distinto, que de ninguna manera debe tratarse como si fuera un derecho.

45

Un gobierno puede garantizar derechos, satisfacer necesidades, defender intereses. Pero la pregunta no es qué *puede* hacer un gobierno, sino qué *debe* hacer. ¿Debe luchar, como ángel de la guarda todopoderoso, contra *todos* los males, y, como hada madrina omnipotente, a favor de *todos* los bienes?

46

Sociedad liberal: no aquella en la cual todos practican la justicia, sino aquella en la cual el gobierno lo único que hace es impartir justicia, en su doble vertiente: castigar a quien viola derechos y obligarlo a resarcir.

47

Son, delictivas por su propia naturaleza, las conductas que violan derechos (matar, viola el derecho a la vida; secuestrar, viola el derecho a la libertad individual; robar, viola el derecho a la propiedad privada), únicas que deben prohibirse y sancionarse.

48

Una constitución, sin la decisión de los gobernantes de respetarla, sirve para nada: no se impone por sí misma. Lo mismo para cualquier ley.

49

Los verdaderos derechos (todo un tema, ¿cuáles son verdaderos derechos?), son los mismos para cualquier persona, independientemente de su condición existencial: hombreo o mujer; heterosexual, homosexual o bisexual; católico, judío o musulmán; blanco, negro o amarillo. Lo demás son privilegios, algo distinto, y, si se tratan como derechos, acaban violando derechos.

50

¿Deben prohibirse, en defensa de la libertad individual, las asociaciones? No, siempre y cuando sean voluntarias y su fin sea garantizar los derechos de los asociados, no defender sus intereses. Por ejemplo, los sindicatos, que se justifican si garantizan los derechos de los trabajadores (por ejemplo: que se cumpla lo pactado en el contrato laboral), no si defienden sus intereses (por ejemplo: que se les pague el mayor salario posible).

51

La educación gubernamental, sobre todo en materia de ciencias humanas y/o sociales, ¿puede ser algo más que adoctrinamiento en función de la ideología de los gobernantes en turno?

52

Primer síntoma del capitalismo de compadres: la necesidad de conseguir la autorización del gobierno para poder producir, ofrecer y vender bienes y servicios.

53

Los sistemas económicos debe clasificarse en función de sus posturas frente a la libertad individual, tanto para producir, ofrecer y vender, como para demandar, comprar y consumir, y frente a la propiedad privada, tanto de los medios de producción, necesarios para poder producir, ofrecer y vender, como de los ingresos, necesarios para poder demandar, comprar y consumir.

54

Los tiranos podrán imponer, limitando *el ejercicio de la libertad*, lo que quieran imponer, pero lo que no pueden hacer es eliminar *la facultad de la libertad*, la capacidad de la persona para decidir y elegir, que tarde o temprano reclama su ejercicio. Entonces la persona se rebela contra las limitaciones *al ejercicio de su libertad*.

55

Desde el punto de vista económico trabajo es todo esfuerzo humano por cuyo producto alguien está dispuesto a pagar un precio.

56

En economía los gobiernos pueden hacer más mal que bien, y el bien que deben hacer es no hacer el mal, por ejemplo, practicando políticas económicas, con las cuales pretenden modificar los resultados del mercado, es decir, del intercambio entre compradores y vendedores, lo cual viola el ejercicio de la libertad individual y el uso de la propiedad privada.

57

No hay mayor amenaza para el ejercicio de la libertad individual y el uso de la propiedad privada que el gobierno inventando delitos, definiendo como delictivas actividades que, por su propia naturaleza no lo son, siendo delictivas por su propia naturaleza las que violan derechos de terceros: matar, secuestrar, robar, incumplir contratos.

58

La pregunta no debe ser cuánto necesita ganar el trabajador para, por lo menos, satisfacer sus necesidades básicas, sino, dada su productividad y la relación oferta – demanda de trabajo en su mercado laboral, cuánto ingreso es capaz de generar.

59

La gran mayoría de los problemas económicos, ocasionados por las políticas económicas del gobierno, con las que se modifican los resultados del mercado, son la consecuencia inevitable de haber olvidado el problema económico de fondo, la escasez, así como la primera exigencia ética, respetar los derechos de los demás, actuar justamente.

60

El problema económico de fondo es la escasez: el hecho de que no todo alcanza para todos, menos en las cantidades que cada uno quisiera, ¡y mucho menos gratis!

61

La primera ley del mercado: si el consumidor está dispuesto a apagar el precio al que el oferente está dispuesto a proveerlo, habrá oferta.

62

Más que la igualdad ante la ley, lo que debe ser es la misma ley, justa, para todos.

63

El Estado de Derecho es el gobierno de las leyes justas, siendo tales las que reconocen plenamente, definen puntualmente y garantizan jurídicamente los derechos de las personas.

64

La economía de mercado, en el sentido institucional del término, es el Estado de Derecho aplicado a la economía, es decir, el reconocimiento pleno, la definición puntual y la garantía jurídica, de los derechos de los agentes económicos a la libertad individual para producir, ofrecer y vender; para demandar, comprar y consumir; y a la propiedad privada sobre los medios de producción, necesarios para poder producir, ofrecer y vender, y sobre los ingresos, que son el producto del trabajado, necesarios para poder demandar, comprar y consumir.

65

El primer problema con el dinero fiduciario, sin valor intrínseco, sin respaldo de ningún tipo, es que, quien lo recibe a cambio de su trabajo, recibe algo cuyo valor, más allá de la parte numismática, es nulo.

66

La historia del dinero, fascinante dicho sea paso, es la historia, en primer lugar, de cómo, quienes lo han producido, han traicionado la confianza de los agentes económicos que lo usan como medio de intercambio, reduciendo su poder adquisitivo, es decir, desvalorándolo. En segundo lugar es la historia de cómo, quienes detentan el poder político, han monopolizado su producción, para devalorarlo, para reducir su poder adquisitivo, que es el poder adquisitivo del trabajo.

67

Lo importante de la democracia no es quién vota o a quién se vota, sino a cambio de qué se vota.

68

En el mercado lo que importa no es lo que se necesita o lo que se quiere, sino lo que se puede. ¿Puedo vender lo que produzco? ¿Puedo comprar lo que necesito?

69

¿Quién es liberal? Quien cree que la ley positiva (que no hay que confundir con la ley positivista), lo único que debe hacer es prohibir y castigar el daño cometido, al violar sus derechos, a otro, y que todo lo demás, desde dañarse a uno mismo, pasando por hacerse el bien a uno mismo, hasta hacerle el bien a los demás, es propio del campo de la ética, no de la legalidad positiva, por lo que cada persona decide si sí o si no, sin que una ley positiva la obligue o se lo prohíba.

70

¿Quién es liberal? Quien cree que el ser humano debe vivir su vida con una sola restricción: no violar los derechos de los demás. Mientras respete los derechos de los otros el ser humano tienen el derecho de hacer, en el sentido literal del término, en pleno ejercicio de su libertad, lo que la dé la gana, sin que nadie le prohíba hacerse a sí mismo el mal, sin que nadie lo obligue a hacerse a sí mismo el bien, sin que nadie lo obligue a hacerle el bien a los demás.

71

El crecimiento de la economía se mide por el comportamiento de la producción de bienes y servicios, con los que satisfacemos nuestras necesidades, relacionada con la creación de empleos, ya que para producir alguien debe trabajar, y con la generación de ingresos, ya que a quien trabaja se le paga, empleos e ingreso de los que depende, en buena medida, el bienestar. Crecimiento y bienestar no son lo mismo, peo están relacionados. Sin el primero no puede haber el segundo, sobre todo si el mismo debe ser el resultado, no de la redistribución gubernamental del ingreso, sino de la generación personal del mismo. El mayor crecimiento posible es condición necesaria para el mayor bienestar posible.

72

Si el gobierno se limita a garantizar la seguridad de los ciudadanos, lo que implica cuatro tareas: prohibir que se violen derechos, prevenir su violación, castigar a quien los viole y obligarlo a resarcir, siendo que las dos primeras tareas tienen que ver con *la práctica de los justicia* de parte de los ciudadanos y las dos últimas con *la impartición de justicia* de parte del gobierno, se trata del gobierno *gobierno*, limitado a la realización de sus legítimas tareas.

73

Hay tres tipos de gobierno: (i) el gobierno *gobierno*, que se limita a su tarea esencial, prohibir que se violen derechos, prevenir su violación, castigar a quien los viole y obligarlos a resarcir; (ii) el gobierno ángel de la guarda*,* que como tal pretende preservarnos de todos los males, incluyendo los que podemos hacernos nosotros mismos; (iii) el gobierno *hada madrina,* que pretende concedernos todos los bienes, desde la cuna hasta la tumba, incluyendo los que debemos procurarnos nosotros mismos. El gobierno ángel de la guarda viola el derecho a la libertad individual, el gobierno *hada madrina* viola el derecho a la propiedad privada.

74

El gobierno ángel de la guarda, al prohibirnos hacernos daño a nosotros mismos (por ejemplo: prohibiendo y castigando el consumo de drogas), viola el derecho a la libertad individual, porque lo que el gobierno debe prohibir y castigar es violar los derechos de los demás, no el daño que uno se hace a sí mismo, daño que no viola derechos, al menos que creamos, falsamente, que uno tiene, para consigo mismo, el derecho de no dañarse, derecho que no es tal sino interés, algo distinto.

75

El gobierno *hada madrina* viola el derecho a la propiedad privada porque, dada la escasez, es incapaz de darle todo a todos, dándole algo a algunos, y ese algo que a algunos les da previamente tuvo que quitárselo a alguien más, violando el derecho de propiedad privada, con el agravante de que, como cobra por quitar y dar, nunca devuelve la misma cantidad que quitó.

76

Muchos socialistas presumen de tener el corazón a la izquierda. La pregunta es, ¿dónde tienen el cerebro?

77

Razones para que nos ayudemos los unos a los otros sobren. Razones para que el gobierno obligue a unos a ayudar a otros no hay ninguna. Y eso, obligar a unos ayudar a otros, es lo que hace cuando redistribuye el ingreso.

78

¿Cuándo se justifica que las leyes estén a favor de alguien y en contra de alguien más? Cuando el alguien a cuyo favor están es víctima de un delito y cuando el alguien en cuya contra están es un delincuente.

79

Quienes criticamos al socialismo no negamos los problemas que los socialistas intentan solucionar, sino la solución que pretenden aplicar.

80

Para convivir civilizadamente, si los derechos naturales, a la vida, la libertad y la propiedad no existieran, habría que inventarlos. ¿Cuáles son los derechos naturales? Los que le corresponden a la persona por el hecho de serlo.

81

Los contrabandistas, bien entendidas las cosas, son defensores de la libertad para comerciar y, como tales, benefactores de los consumidores.

82

El súbdito pide del gobierno, desde satisfacción de necesidades, hasta defensa de intereses. El ciudadano solo exige salvaguardia de derechos.

83

La pregunta del buen economista: ¿Cómo crear riqueza? La del redentor social: ¿Cómo redistribuir la riqueza?

84

Uno de los principales problemas de hoy en día -¿el principal?- es que la gente no sabe qué es lo que el gobierno debe hacer, no entiende cuál debe ser el fin de las leyes, no comprende cuál debe ser el límite de la democracia, ni entiende qué sucede cuando el gobierno hace lo que no debe, cuando las leyes prohíben u obligan a lo que no deben, cuando no se imponen límites a la democracia.

85

Gobernar consiste en garantizar los derechos de los ciudadanos, y si para ello el gobierno debe repartir bofetadas, ¡que las reparta!

86

Decía George Orwell que el hombre que levanta la mano carece de ideas. Pero si el que está enfrente no las entiende, una de dos: o nos damos la media vuelta, y que siga haciendo lo que le dé la gana, o repartimos bofetadas. Si el que está enfrente viola derechos de terceros, y no entiende las razones por las que no debe hacerlo, el gobierno no debe darse la medida vuelta. El gobierno debe soltar bofetadas.

87

Si un impuesto del cien por ciento justifica la rebelión en su contra, ¿a partir de qué porcentaje se justifica la revuelta de los contribuyentes?

88

No por estar bien alimentado, bien curado y bien educado, el esclavo deja de serlo.

89

Ineptocracia: sistema de gobierno en el cual los menos aptos para gobernar son electos por los menos capaces para producir, y en el cual los miembros de la sociedad menos aptos para triunfar por sí mismos y mantenerse a sí mismos, son recompensados con bienes y servicios pagados con la confiscación a un número cada vez menor de productores. Tal sistema, a largo plazo, es insostenible.

90

La libertad del consumidor no lo es frente a sus necesidades, sino frente a su contraparte, el vendedor.

91

En una verdadera economía de mercado, no en el capitalismo de compadres, la desigualdad de ingresos es consecuencia directa de las decisiones de los consumidores, quienes premian más a quienes mejor los sirven. Ello, ¿tiene algo de malo?

92

El problema, en materia de ingresos, no es la desigualdad: que A genere más ingreso que B. Es la pobreza: que B, independientemente de cuánto ingreso genere A, no sea capaz de generar un ingreso suficiente para satisfacer correctamente sus necesidades.

93

Si crees que la causa de la pobreza es la injusta distribución del ingreso, pregúntate a partir de qué cantidad tu ingreso comienza a ser injusto, cantidad a partir de la cual el gobierno debe quitarte el excedente para dárselo a alguien más.

94

Preguntarse, como lo hacen los pobretólogos, por las causas de la pobreza no tiene sentido, porque la pobreza es la condición original del ser humano en este planeta. Lo que tiene causas es la riqueza.

95

La pobreza puede considerarse desde dos puntos de vista: el de su causa y el de su efecto. Su causa es la incapacidad de la gente pobre para, gracias a su trabajo, generar un ingreso suficiente que le permita satisfacer correctamente sus necesidades. Su efecto es la carencia de los satisfactores necesarios, bienes y servicios, para satisfacer sus necesidades. Si, por la redistribución del ingreso, el gobierno provee a los pobres de los satisfactores que necesitan, alivia el efecto de la pobreza, pero no elimina su causa, haciendo a los pobres unos mantenidos.

96

La pobreza, entendida como la insuficiente disposición, en cantidad, calidad y variedad de bienes y servicios, es la condición original del ser humano en este planeta, por lo que no tiene una causa. Pero lo que sí la tiene es el empobrecimiento, el retroceso desde una posición de riqueza ya alcanzada, hacia una de pobreza que ya había sido superada.

97

Varias pueden ser las causas del empobrecimiento, del retroceso desde una posición de riqueza ya alcanzada, hacia una de pobreza que ya había sido superada: desastres naturales; pandemias; guerras; malas políticas económicas. De estas cuatro causas, la última, dado lo que muestra la historia económica, y lo que demuestra la teoría económica, es imperdonable. Sin embargo, es la más frecuente.

98

Si crees que la persona debe vivir gracias al trabajo propio, que tiene derecho al producto íntegro de su trabajo, y que la ayuda que le preste a los demás debe ser voluntaria, entonces no debes estar favor del Estado Benefactor, y de su principal agente, el gobierno redistribuidor del ingreso. Cuando el gobierno redistribuye el ingreso le quita A, violando su derecho al producto íntegro de su trabajo, para darle a B, quien vive gracias, no a su trabajo, sino al trabajo de A, obligando a A a ayudar a B.

99

Si hay un concepto, producto de la ignorancia y/o de la mala fe, y que ha provocado muchas injusticas, es *la injusta distribución del ingreso*, sobre todo cuando se la considera la causa de la pobreza. Para empezar, el ingreso, que es el producto del trabajo, no se distribuye, se genera, en función de lo que A está dispuesto a pagar por el trabajo de B.

100

Para que la afirmación *la causa de la pobreza es la injusta distribución* del ingreso fuera cierta, tendrían que cumplirse estas condiciones: (i) que todo mundo generara la misma cantidad de ingreso; (ii) que todo el ingreso generado por cada quien se depositara en el fondo común de la sociedad; (iii) que apareciera un personaje, el distribuidor del ingreso, que echando mano de los recursos depositados en dicho fondo lo distribuyera de tal manera que a unos les tocara más, los ricos, y otros menos, los pobres, siendo la causa de su pobreza la injusta distribución del ingreso, por la cual les tocó menos de lo que generaron, momento en el cual, (iv), debe aparecer otro personaje, el redistribuidor del ingreso, cuya tarea sería quietarles, a quienes les tocó más, lo que les toco de más, para darles, a quienes les tocó menos, que les tocó de menos, redistribución por la que cada quien acabaría con la cantidad de ingreso que generó. Las tres primeras condiciones, necesarias para que la afirmación *la causa de la pobreza es la injusta distribución* del ingreso sea cierta, ¿se cumplen? No, luego dicha afirmación no es cierta.

101

La educación gubernamental, ¿puede ser algo más que adoctrinamiento según la ideología del gobierno en turno? Además, una cosa es que el gobierno garantice la educación y otra MUY DISTINTA que sea el educador. Lo primero, cumpliéndose ciertas condiciones, pasa. Lo segundo, no.

102

Tres falacias: (i) los gobernantes usan nuestro dinero; (ii) nosotros les pagamos; (iii) son nuestros empleados. ¿Nuestro dinero? El derecho de propiedad es el derecho a la libertad para usar, disfrutar y disponer de lo que es de uno, como a uno más le convenga. Desde el momento en el que pagamos impuestos, ese dinero ya no podemos usarlo, disfrutarlo y disponerlo como creamos más conveniente. ¿Nuestro? No. ¿Nosotros les pagamos? No, ellos, cobrándonos impuestos, se pagan a sí mismos. ¿Nuestros empleados? Tampoco. Si lo fueran, al menos yo, ya habría despedido a más e uno.

103

El gobierno se justifica si a lo único que obliga es a pagar impuestos; si lo único que prohíbe es violar derechos; si lo único por lo que castiga es por violarlos.

104

La libertad se ejerce sobre la propiedad. Son dos caras de la misma moneda.

105

¿Cuál igualdad es la correcta? ¿Que nadie sea más que otro? ¿Que nadie tenga más que otro? ¿Que nadie pueda más que otro? ¿Qué todos sean iguales ante la ley?

106

Monocracia, en cualquiera de sus presentaciones (por ejemplo: aristocracia), o policracia, también en cualquiera de sus presentaciones (por ejemplo: democracia), lo que importa es que la ley sea justa (dikécracia) y que todos sean iguales ante la ley (isonomía). De ser así, lo demás se dará por añadidura.

107

En la sociedad liberal, el único objetivo compartido por todos, y lo único que debe exigírsele a todos, debe ser el respeto a los derechos de los demás. Nada más.

108

Única exigencia válida al ejercicio de la libertad individual: la justicia, el respeto a los derechos, que realmente lo sean, de los demás.

109

Un verdadero derecho, o se es concebido con él (derecho natural: vida, libertad, propiedad), o se adquiere por así haberlo acordado con alguien más (derecho contractual: el derecho del comprado a recibir la mercancía pagada, el derecho del vendedor a recibir el pago acordado). No hay otros que verdaderamente lo sean.

110

Quien habla de derechos, y es incapaz de señalar cuál es la obligación correspondiente, y a quién le corresponde, es un irresponsable.

111

Uno de los peores abusos del poder gubernamental, no es garantizar la educación de quien no pueda pagarla, sino convertirse en el educador. Lo primero, bajo ciertas condiciones, pasa. Lo segundo, de ninguna manera. ¿Cómo lograr lo primero y evitar lo segundo? Con vales educativos.

112

Si las personas tenemos el derecho al producto íntegro de nuestro trabajo, y lo tenemos, entonces hay que encontrar la justificación correcta al cobro de impuestos, por los que el gobierno nos obliga a entregarle parte del producto de nuestro trabajo, lo cual es un robo. Encontrar la justificación correcta a los impuestos es encontrara la justificación de un robo, que se justifica, si y solo si, es un mal menor.

113

La justificación del cobro de impuestos, suponiendo que el gobierno se financiara con aportaciones voluntarias, son los gorrones, quienes recibirían la protección del gobierno sin contribuir a su mantenimiento, lo cual resultaría en un privilegio mal habido.

114

Lo ideal es el impuesto único (ni uno más), universal (sin excepción, ni de sujeto, ni de objeto, gravable), homogéneo (la misma tasa en todos los casos), no expoliatorio (destinado a financiar nada más las legítimas tareas del gobierno: prohibir la violación de derechos, prevenir su violación, castigar al violador, obligarlo a resarcir), a la compra de bienes y servicios para el consumo final (no al ingreso, no a la propiedad, no a la compra de factores de la producción).

115

¿No es una imprudencia que exista un grupo de gente, los legisladores, cuya tarea es hacer leyes, sobre todo cuando, producto del positivismo jurídico, lo legal se confunde con lo justo? La mayoría de ellos son una amenaza para la libertad individual y la propiedad privada.

116

Afirmar que el déficit presupuestario es causa de crecimiento económico, que se mide por la producción de bienes y servicios, parte de la creencia, falsa, de que una mayor demanda de satisfactores se convierte, por arte de magia, en una mayor producción y, por lo tanto, en una mayor oferta agregada.

117

Lo único que debe prohibir y castigar el gobierno es violar derechos. Nada más, y a eso hay que limitarlo, algo muy difícil, si no es que imposible, en las democracias, en las cuales a los gobiernos se los concibe como ángeles de la guarda, encargados de preservarnos de todos los males, y hadas madrinas, encargadas de proveernos todos los bienes.

118

La lucha a favor de la igualdad, excepto la que debe serlo frente a la ley, es necesariamente una lucha contra la libertad individual y la propiedad privada.

119

La libertad es atacada, una y otra vez, no de manera directa, sino indirecta, por medio de los ataques a la propiedad (por ejemplo: impuestos). La propiedad privada es la condición de posibilidad del ejercicio de la libertad individual, que siempre se ejerce sobre algún tipo de propiedad. Limitas ésta y en la misma medida limitas aquella.

120

Muchos creen que es justo lo que la ley dice que es justo, siendo que es lo justo, el respeto a los derechos de las personas, lo que debe determinar cómo deben ser las leyes.

121

Al final (¿o será al principio?), dado que el gobierno no es, ni omnipotente, ni omnipresente, no pudiendo estar detrás de cada uno todo el tiempo (omnipresencia), y no pudiendo hacer que todos actúen como él quiere (omnipotencia), no hay gobierno (heterogobierno), sino autogobierno. La mayoría del tiempo vivimos en un estado de anarquía, no en el sentido peyorativo de desorden, sino en el literal de ausencia de poder coactivo.

122

Los buenos resultados en materia de seguridad, de respeto a los derechos, no dependen de la eficacia del gobernante, sino de la ética del ciudadano. Allí donde los delitos son pocos, no se debe de manera principal a la eficacia del gobierno, sino primordialmente a la ética de los ciudadanos, y viceversa.

123

Liberalismo: a favor de dejar hacer y dejar poseer. Socialismo: a favor de dejar hacer y en contra de dejar poseer. Comunismo: en contra de dejar hacer y dejar poseer. Mercantilismo: en contra de dejar hacer y a favor de dejar poseer. El que entendió, entendió. El que no, ¡que le piense!

124

El positivismo jurídico (es justo lo que la ley, y por lo tanto el legislador, dice que es justo), no es más que absolutismo legalizado.

125

El gran reto: ¿cómo hacer que la democracia, la elección de
la mayoría, de como resultado la aristocracia, el gobierno de
los mejores? Con la democracia, ¿el gobierno aristocrático
es posible?

126

La pobreza no tiene causas, es la condición original del ser
humano en este planeta. Lo que sí tiene causas es la riqueza.
Y también, desafortunadamente, el empobrecimiento.

127

Si el ser humano debe vivir gracias al esfuerzo propio; si toda
persona tiene derecho al producto íntegro de su trabajo; y si
la beneficencia debe practicarse voluntariamente, ¡entonces
el Estado Benefactor, y su principal agente, el gobierno redistribuidor del ingreso, del producto del trabajo, no se justifica!

128

El financiamiento privado a los partidos políticos puede
secuestrarlos. El financiamiento gubernamental secuestra a
los contribuyentes.

129

¿Qué es lo más parecido a una máquina para hacer dinero
legal (ojo: lo legal no es sinónimo de justo)? El poder para
cobrar impuestos, es decir, para obligar a los ciudadanos a
entregar parte del producto de su trabajo.

130

¿Cuál es el límite del cobro de impuestos? Objetivamente, el total de los ingresos (flujo) y patrimonio (acervo) de los contribuyentes. Subjetivamente, su paciencia.

131

En una sociedad, verdaderamente liberal, sobrarían los políticos y el Poder Ejecutivo.

132

Cualquier gobierno es una amenaza potencial para la libertad individual y la propiedad privada. Todo gobierno actualiza esa potencia: basta y sobra que redistribuya el ingreso, que le quite a A, lo que es de A, para darle a B, lo que no es d B, para que lo haga. Y todos lo hacen. Gobernar = redistribuir el ingreso.

133

Según la visión ortodoxa (a la Hobbes), el único monopolio que debe tener el gobierno es el de la violencia legítima, usada para defender a los ciudadanos. Cualquier otro, desde el petróleo hasta la educación, y éste incluye a los libros de texto, es, según esta visión, ilegítimo.

134

Socialista es quien cree tener el derecho de quitarle a A lo
que, por ser producto de su trabajo, es de A, para darle a B
lo que, por no ser producto de su trabajo, no es de B. Liberal
es quien sabe que no tiene el derecho de quitarle a A para
darle a B, sino de quitarles lo mismo a A y a B para darles
lo que A y B no se darían a sí mismos, bienes públicos, que
realmente lo sean (de cuyo consumo no pueda excluirse a
alguien y cuyo consumo no genere rivalidad (por ejemplo, el
alumbrado en la calles), y que realmente deban ser provistos
por el gobierno (por ejemplo, el alumbrado en las calles).

135

Mañosamente, los políticos identifican bienes necesarios, aquellos de los que nadie debe carecer (por ejemplo: alimentación,
educación, atención médica), con bienes públicos, aquellos de
cuyo consumo no es posible excluir a alguien y cuyo consumo
no genera rivalidad (por ejemplo: el alumbrado en las calles),
y, dado que una de las legítimas tareas del gobierno es proveer
bienes públicos, que realmente lo sean y que realmente deban
ser provistos por el gobierno, terminan proveyendo bienes
necesarios, haciéndolos pasar por bienes públicos, para lo cual
deben redistribuir el ingreso, practicar la expoliación legal,
propia del Estado de chueco, no de Derecho.

136

El proteccionismo, llevado hasta sus últimas consecuencias,
resulta en el monopolio de la empresa menos competitiva,
generándose el mayor perjuicio posible para los consumidores.

137

Si, para preservar el ejercicio de la libertad individual y el uso de la propiedad privada, son necesarias la separación Estado – Iglesia, Estado – Economía, Estado – Educación, ¿no lo es también la separación Estado –Legislación?

138

Dado que los recursos son escasos, el gobierno debería invertir en la generación de riqueza, en la producción de bienes y servicios, no gastar en la satisfacción de las necesidades. Es lo éticamente justo y lo económicamente eficaz.

139

Lo éticamente justo es lo que respeta los derechos de todos. Lo económicamente eficaz es lo que eleva el bienestar de todos. Y desde estas dos perspectivas, la ética y la económica, deben juzgarse las políticas económicas el gobierno, juicio que siempre es negativo, porque dichas políticas, con las que el gobierno pretende modificar los resultados el mercado, son éticamente injustas (violan derechos de algunos), y económicamente ineficaces (reducen el bienestar de algunos).

140

El capitalismo, en el sentido literal del término, no en el ideológico, por el que se le identifica con la economía de libre empresa, no es un sistema económico, es la esencia de la economía humana. Si por capitalismo entendemos el uso del capital, y por capital todo aquello que se necesita para producir bienes y servicios con los que satisfacer las necesidades (capital natural: recursos naturales; capital físico: instalaciones, maquinaria y equipo, necesarios para transformar los recursos naturales en satisfactores; capital humano: los conocimientos, habilidades y actitudes necesarios para poder operar la maquinaria y el equipo; capital financiero: el dinero se usa para adquirir algún otro tipo de capital, natural, físico o humano), la economía humana es esencialmente capitalista: para producir necesita recursos naturales (capital natural); instalaciones, maquinaria y equipo (capital físico); conocimientos, habilidades y actitudes (capital humano), y dinero para adquirirlos (capital financiero). La pregunta no es ¿capitalismo o no capitalismo? La pregunta es: ¿en manos de quién, empresas monopólicas del gobierno, o empresas privadas compitiendo entre sí, el capital da mejores resultados en beneficio de los consumidores?

141

Una y otra vez aparece la falacia *distribución del ingreso* y la afirmación, también falaz, *la causa de la pobreza es la injusta distribución del ingreso*. ¿Será? ¿Quién distribuyó injustamente el ingreso? ¿De qué fondo sacó lo injustamente distribuido? Lo injustamente distribuido, ¿de dónde salió y cómo llegó a ese fondo? No, la causa de la pobreza no es la injusta distribución del ingreso, que no existe, sino la incapacidad de la gente pobre para, gracias a su trabajo, generar ingreso suficiente. El ingreso no se distribuye, se genera.

142

El buen economista se preocupa por la producción de riqueza, y por ello por la generación del ingreso. El mal economista se preocupa por la redistribución del ingreso, y por ello de la riqueza.

143

Capitalismo: producción de riqueza. Socialismo: redistribución de la riqueza. No puede haber redistribución de riqueza sin creación de riqueza, por lo tanto, no puede haber socialismo sin capitalismo.

144

Donde se cobran dos o más impuestos, dado que el pago de cualquier impuesto sale del ingreso del contribuyente, hay doble (o triple, o cuádruple, o quíntuple, etc.), tributación.

145

Producir dinero es una gran responsabilidad, que debe estar sujeta a las reglas correctas. De no ser así el resultado será, inevitablemente, la inflación, la pérdida en el poder adquisitivo del dinero, del trabajo.

146

Necesitamos, para superar las limitaciones del truque, dinero, y como éste no nos caerá del cielo, alguien debe producirlo. ¿Cuál es el principio que debe regir la producción de dinero, la impresión de billetes, la acuñación de moneda?

147

Cualquier poder ejercido sin derecho es tiranía.

148

¡Qué importante es que lo legal sea conforme a la ética, comenzando por la virtud de la justicia! ¿Cuánto de lo legal lo es?

149

El nacionalismo económico: consume lo producido en el país, debe ser consecuencia de una decisión personal, en pleno ejercicio de la libertad individual y del uso de la propiedad privada, no de una política gubernamental proteccionista.

150

Lo que en la democracia liberal la mayoría tiene derecho a decidir es mucho menos de lo que decide en las democracias actuales, claramente iliberales.

151

En la democracia liberal lo único que debe elegirse es quién gobernará, es decir, quien hará valer el Estado de Derecho, que es el gobierno de las leyes justas, que reconocen plenamente, definen puntualmente y garantizan jurídicamente los derechos de las personas. Hoy, en las democracias iliberales, se elige y decide, injustamente, mucho más.

152

Si la esperanza de que el gobierno sea eso, gobierno, limitado a prohibir la violación de derechos, a prevenirla, a castigar a quien los viole y a obligarlo a resarcir, resulta frustrada porque no hay gobierno que pueda garantizar la seguridad de todos, todo el tiempo, en todo lugar, la esperanza de que además sea ángel de la guarda, y nos preserve de todos los males, y también hada madrina, y nos conceda todos los bienes, resulta mucho más frustrada.

153

¿Hay alguna diferencia esencial entre los distintos tipos de gobierno? No, porque por principio de cuentas todos, desde el *monocrático* (poder de uno), hasta el *pluricrático* (poder de muchos), desde el *autocrático* (el que se puso a sí mismo), hasta el *heteronomocrático* (al que pusieron otros), y todas las combinaciones posibles, ejercen los mismos tres poderes: obligar, prohibir y castigar, siempre en contra de la libertad individual y la propiedad privada.

154

Todo gobierno es posible a partir de una injusticia: obligar a
los ciudadanos a entregarle parte del producto de su trabajo,
es decir, cobrar impuestos. Y de allí en adelante...

155

Confundir bienes públicos (ejemplo: alumbrado público, de
cuyo consumo no es posible excluir a nadie, y cuyo consumo
no genera rivalidad), con bienes necesarios (por ejemplo:
comida, cuyo consumo de parte de A excluye a todos los
demás, por lo que el consumo de A sí genera rivalidad), y
tratar a los segundo como si fueran los primeros, es un grave
error, que ha permito la expansión del gobierno, quien debe
proveer los primeros, ¡los que realmente deben ser provistos
por el gobierno!, pero no los segundos.

156

El gobierno, y sus leyes, no deben estar a favor del pobre, del
débil, del necesitado, y tampoco a favor del autosuficiente,
el fuerte, el rico. Deben estar a favor de la justicia. Se llama
Estado de Derecho.

157

Estado de chueco, antítesis del Estado de Derecho.

158

Los recursos del gobierno no son propiedad de los particula-
res. Fueron obtenidos coactivamente de los contribuyentes y
son propiedad del gobierno.

159

Distingamos entre hacer política: decidir sobre los asuntos de la polis, el espacio común, y gobernar: hacer valer los derechos de los ciudadanos.

160

¿Cuál debe ser el resultado de la competencia, sobre todo en el marco de la economía? La desaparición de los incompetentes.

161

¿Qué supone, por obra y gracia de la competencia, la desaparición de las empresas incompetentes? La liberación de factores de la producción, comenzando por el trabajo, que serán usados más productiva y competitivamente, para un mayor beneficio de los consumidores, por empresas más productivas y competitivas. ¿Algo de malo?

162

Productividad y competitividad, si bien relacionadas, no son lo mismo. La productividad consiste en la capacidad para hacer más con menos, para reducir costos de producción. La competitividad, por su parte, consiste en la capacidad para, en términos de precio, calidad y servicio, hacerlo mejor que los demás.

163

Si la competitividad es la capacidad para, en términos de precio, calidad y servicio, hacerlo mejor que los demás, sin los demás no hay competitividad. ¿Y quiénes son los demás? La competencia.

164

A un monopolio, ¿le conviene volverse más productivo? Por lo general la respuesta es que no, respuesta equivocada. Si la productividad es la capacidad para hacer más con menos, para reducir costos de producción, claro que a un monopolio le conviene volverse más productivo porque, si su producto se vende bien, y no tiene ninguna razón para bajar el precio, toda la reducción en su costo de producción, dicho de otra manera, todo el aumento en su productividad, se traduce en un aumento en sus utilidades.

165

¿Qué le conviene, a una empresa que tiene competencia, hacer antes de volverse más competitiva, capaz de ofrecer a menor precio que sus competidores? Volverse más productiva, capaz de hacer más con menos, de reducir su costo de producción, para compensar, con un menor costo, la reducción del precio, y no ver afectadas sus ganancias.

166

¿Puede un monopolio (un solo oferente), vender al precio que le dé la gana? Obviamente no. Su ventaja es que puede vender, no al precio que le dé la gana, sino al máximo precio al que los consumidores están dispuestos a comprar.

167

¿Puede un monopsonio (un solo demandante), comprar al precio que le dé la gana? Obviamente no. Su ventaja es que puede comprar, no al precio que le dé la gana, sino al mínimo precio al que los oferentes están dispuestos a vender.

168

La primera ley del mercado: si el consumidor está dispuesto a pagar el precio al que el productor está dispuesto a proveerlo, habrá oferta.

169

El reto de cualquier empresa: que el consumidor compre el producto, que lo consuma, que quede satisfecho, que lo vuelva a comprar y a consumir, y que se lo recomiende al vecino. No hay mejor publicidad que la que hace directamente el consumidor.

170

La empresa, entendida como la organización en su conjunto, no genera utilidades. La empresa produce bienes y servicios que pone a disposición de los consumidores. Las utilidades las genera el empresario, habiendo respondido correctamente estas dos preguntas: ¿qué producir? (lo que los consumidores aprecien más) y ¿cómo producirlo? (al menor costo posible).

171

La justificación ética de las utilidades de los empresarios es que las hayan hecho en mercados con la mayor competencia posible.

172

Condiciones para lograr la mayor competencia posible: (i) que el gobierno permita que todo aquel, nacional o extranjero, que quiera participar en algún sector de la economía, produciendo bienes y servicios, con capital nacional o extranjero, u ofreciendo bienes y servicios, nacionales o importados, en cualquier mercado de la economía, pueda hacerlo; (ii) que no haya prácticas monopólicas; (iii) que los consumidores, comparando precio, calidad y servicio, y actuando en consecuencia, pongan a competir los oferentes.

173

Las empresas sobreviven hasta que los consumidores quieren.

174

Los gordos, fumadores, bebedores, sedentarios, le salen caros al gobierno, quien actúa como hada madrina, concediéndoles la atención médica que requieren, razón por la cual el gobierno le sale caro a los contribuyentes, a quienes obliga, cobrándoles impuestos, a pagar por esa atención médica, responsabilizándolos, indirectamente, por su intermediación, por algo de lo que no son responsables: la salud de los demás.

175

¿Están conscientes de todo lo que sucede cuando el gobierno va más allá de sus legítimas tareas, que son mucho menos de las lleva acabo? Lo primero que sucede es que el cobro de impuestos se vuelve una expoliación legal: el gobierno obliga a los contribuyentes a entregarle una parte de sus ingresos para realizar tareas que no le son propias, como el apoyo a las artes o el subsidio a los deportes.

176

El gobierno *puede* garantizar derechos, satisfacer necesidades y defender intereses. El gobierno *debe*, solamente, garantizar derechos, ¡que realmente lo sean!

177

Si cuando el gobierno se limita a ser solo gobierno, y a garantizar los derechos de las personas, hay problemas, comenzando porque nunca lo logra para todos todo el tiempo, esos problemas se multiplican cuando intenta ser, además, desde ángel de la guarda, y preservarnos de todos los males, hasta hada madrina, y concedernos todos los bienes.

178

Favorecer la legalización de la producción, comercio y consumo de drogas, por respeto a la libertad individual, es éticamente correcto. Hacerlo porque, legalizando producción, comercio y consumo sería buen negocio, inclusive para el fisco, que podría cobrar impuestos por todo ello, es éticamente reprobable.

179

La pobreza no se alivia con políticas sociales, redistribuidoras del ingreso, del producto del trabajo de cada quien, sino con instituciones económicas (reglas jurídicas) motivadoras de la creación de riqueza, de la producción de bienes y servicios, de la creación de empleos, de la generación del ingreso.

180

Si la causa de la desigualdad en materia de ingresos es la inequitativa distribución de los mismos, ¿quién es el responsable? ¿Quién distribuyó inequitativamente el ingreso, dándolo más a unos y menos a otros?

181

Si el ingreso es el producto del trabajo de cada quien, ¿tiene sentido hablar de la injusta, inequitativa, desigual, distribución del mismo? Decir que la causa de la pobreza es la injusta distribución del ingreso equivale a afirmar que la causa de la pobreza es la injusta distribución del producto del trabajo de cada cual, lo cual no tiene sentido, porque ese producto no se distribuyó, se generó trabajando.

182

La principal discusión entre liberales, por un lado, y derechistas e izquierdistas, por el otro, se arma en torno a los derechos. Por lo general la izquierda está a favor de violar el derecho a la propiedad privada, ya sea del ingreso (socialistas), o de los medios de producción (comunistas), y la derecha a favor de la violación del derecho a la libertad individual.

183

No, no soy ni de izquierda, ni de centro, ni de derecha. Soy liberal, algo distinto, con coincidencias accidentales con la derecha, el centro y la izquierda, pero con diferencias esenciales.

184

¿Cuál es el mínimo común denominador para poder decir que en un país "caben" todos sus habitantes, que el país es de cada uno? El respeto a los derechos de los demás. Claro, el problema está en definir correctamente que son los derechos, que muchos confunden con necesidades (sobre todo la izquierda) o con intereses (sobre todo la derecha).

185

Para garantizar el mayor bienestar posible de la gente hay que mantener a raya los intereses de los empresarios, de los cuales el más peligroso es el interés por el monopolio.

186

El poder político puede hacer, legalmente, algo que el poder económico no puede: obligar, prohibir y castigar. ¿Cuál es el peligroso?

187

Los derechos, los verdaderos derechos, no se otorgan, no se quitan, y mucho menos se someten a consulta. ¡Se reconocen y se respetan!

188

No, allí donde aparece una necesidad no surge un derecho. No, allí donde surge un interés no aparece un derecho.

189

Los verdaderos derechos, ni sea crean, ni se destruyen. Se respetan o se violan.

190

Una de las causas de la degeneración del Estado de Derecho en Estado de derechos, es la creencia de que allí donde aparece una necesidad surge un derecho y que allí donde surge un interés también aparece un derecho.

191

Ya sea que se trate de lograr la igualdad de resultados, o la igualdad de oportunidades, o un mínimo de oportunidades, el gobierno tiene que redistribuir el ingreso: quitarle a A lo que, por ser producto de su trabajo, es de A, para darle a B lo que, por no ser producto de su trabajo, no es de B, lo cual es una injusticia que viola el derecho de propiedad privada sobre el ingreso, sobre el producto del trabajo.

192

La pobreza no se combate combatiendo a los ricos. Se trata de que haya menos pobres, no menos ricos.

193

Cada ley que se promulga tiene como fin limitar el ejercicio de la libertad individual y el uso de la propiedad privada (el ejercicio de la libertad siempre implica el uso de alguna propiedad), algo que se ha vuelto la regla, debiendo ser la excepción.

194

¿Cuáles son las trampas democráticas que ninguna democracia seria debe permitir? Las que hacen posible la limitación o eliminación democrática de la democracia.

195

¿Cuánto de lo que hace el gobierno debe hacerlo? Esta es la pregunta que debemos responder, y actuar en consecuencia, si queremos preservar la libertad individual, la propiedad privada y la responsabilidad personal.

196

¿Cuál participación del gobierno en la economía se justifica? Esta es la pregunta que debemos contestar, y actuar consecuentemente, si queremos minimizar la escasez y maximizar el bienestar.

197

Los únicos riesgos que los empresarios deben enfrentar son lo que se generan en el mercado, propios de la actividad empresarial. Si además enfrentan riesgos generados por el gobierno (por ejemplo: posibilidad de expropiación), se ahuyentan las inversiones directas, que producen bienes y servicios, con los que satisfacemos necesidades, que crean empleos, puesto que para producir alguien debe trabajar, y que generan ingresos, puesto que a quien trabaja se le paga por hacerlo, empleos e ingresos que son condiciones para el bienestar

198

Si se viola una ley injusta lo único que se viola es la ley, pero no se comete ninguna injusticia, no se viola ningún derecho. Por el contrario, si se respeta una ley injusta, sí se viola algún derecho, sí se comete una injusticia.

199

La barrera infranqueable del ejercicio de la libertad individual, y del uso de la propiedad privada, del ejercicio de los derechos, debe ser los derechos de los demás, que nos imponen le deber de respetarlos, deber que debemos asumir libremente. El que no todos estén dispuestos a hacerlo es la razón de ser del gobierno.

200

El gobierno es, esencialmente, poder frente al ciudadano. ¿Qué lo justifica?

201

La pregunta no es ¿gobierno o no gobierno? No, la pregunta es: ¿autogobierno o heterogobierno?

Lector, hasta aquí llegue yo, el escritor.
A partir de aquí vas tú, lector.

EN LA MISMA COLECCIÓN

15. Alberto Benegas Lynch (h)
La Escuela Austriaca en los negocios
66 páginas

16. Friedrich A. Hayek
Sobre el conocimiento
50 páginas

17. José Antonio de Aguirre
La batalla contra la pobreza y la desigualdad
100 páginas

18. John Locke
Segundo ensayo sobre el gobierno civil
178 páginas

19. Murray N. Rothbard
Ciencia, tecnología y gobierno
96 páginas

20. Etienne de La Boétie
Discurso de la servidumbre voluntaria
48 páginas

21. Martin Stefunko
La acción humana. Una guía para principiantes
68 páginas

22. Nicolai J. Foss y Peter G. Klein
Aproximación a la empresa desde la economía austriaca
y los costes de transacciones
54 páginas.

**Para más información,
véase nuestra página web**
www.unioneditorial.es